FOOD HACKS

TEXTE
Christina Kuhn

FOTOS
Colourbox.de: S. 30, 38, 53, 54, 60, 64, 70, 74, 92, 96, 104,
120, 128, 154, 168, 182
Fotolia.com: © Brad Pict (S. 102 unten)
Klaus Klaussen: S. 148, 150, 151, 152, 153, 159
Maja Nett: S. 190
Irina Gilgen: Alle übrigen Fotos

ILLUSTRATIONEN
Mauerfond: © CCat82 – Fotolia.com
Papier: © Naturestock – Fotolia.com
Alle übrigen Illustrationen: Verlagsarchiv

Christina Kuhn

FOOD HACKS

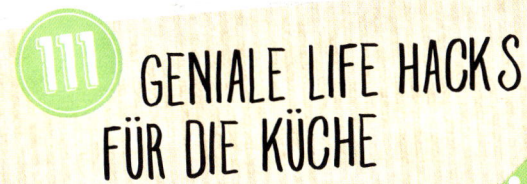

111 GENIALE LIFE HACKS FÜR DIE KÜCHE

INHALT

EINLEITUNG

Food Hacks optimieren Ihren Küchenalltag, und das in jeglicher Hinsicht! Die Bezeichnung „Food Hack" stammt vom überall kursierenden Begriff „Life Hack". Damit werden Tricks und Kniffe bezeichnet, die das gesamte Alltagsleben leichter machen. Mit Kreativität, viel Phantasie und manchmal auch reiner Genialität werden Gegenstände zweckentfremdet und bieten so einen absoluten Mehrwert. Der Aufwand ist so simpel, die Wirkung dafür oft revolutionär, dass man sich nicht nur einmal fragt, warum man nicht längst selbst draufgekommen ist.

Unsere Food Hacks versorgen Sie mit nützlichem, praktischem und überraschendem Küchenwissen: Schaffen Sie mit einfachen Tricks mehr Stauraum in Ihren Küchenschränken, staunen Sie, wie leicht sich Kiwis, Mangos oder Orangen schälen lassen, und erfahren Sie, welche Küchenutensilien Sie wie zweckentfremden können. Viele der Food

Hacks haben nicht nur einen praktischen Nutzen, sondern sehen auch noch gut aus! Und mit unseren Rezept- und Zubereitungstipps zaubern Sie im Handumdrehen aus oft nur wenigen Zutaten köstliche Kreationen.

Hobbyköche, die ihre Freizeit am liebsten in der Küche verbringen, werden ihrem Können den letzten Schliff verpassen, Mikrowellenfans werden ihr Essen demnächst noch effizienter aufwärmen können, und alle anderen können sich auf viele neue Inspirationen freuen.

Seien Sie gespannt auf unsere Food Hacks in den Kategorien „Nützliches", „Praktisches" und „Überraschendes". Sie stoßen auf Tipps, die Ihnen das Leben in stressigen Zeiten erleichtern, oder auf altbewährtes Wissen, das schon Oma hatte, aber fast vergessen ist. Kochen kann so einfach sein!

NÜTZLICHES

Entdecken Sie allerlei nützliches Wissen über Zutaten: Wie können Sie Minze selber ziehen? Wie wird das Salatdressing cremiger? Und wann ist eine Ananas wirklich reif? Lernen Sie außerdem Ihre Küchengeräte und -utensilien besser kennen und pflegen: Wie lässt sich der Kühlschrank natürlich reinigen? Was hilft gegen verkalkte Wasserkocher? Und wie werden stumpfe Messer und Scheren wieder schön scharf? Diese und mehr Antworten finden Sie auf den folgenden Seiten.

Strahlend schöner

BLUMENKOHL

Einmal so kochen, wie es im Kochbuch aussieht – das ist vor allem bei Blumenkohlgerichten eine besonders schwierige bis unlösbare Herausforderung: Auch wenn der Geschmack stimmt – beim Kochen verfärben sich die Röschen oft unansehnlich braun. Anders ist es, wenn Sie dem Kochwasser eine Zitronenscheibe zugeben. Damit behält der Kohl sein strahlendes Weiß.

MiNZE
selber ziehen

Viele lieben Pfefferminztee – und den natürlich bevorzugt mit frischer Minze. Nichts leichter als das, denn das Kraut lässt sich wunderbar nachziehen: Dafür einfach einen oder am besten gleich mehrere 10 cm lange Minze-stängel mit Blättern in ein Glas mit Wasser stellen und an einem sonnigen Ort Wurzeln bilden lassen. Dann die Pflänzchen ein-topfen, bei Bedarf ernten, zubereiten und den erfri-schenden Tee genießen.

KARTOFFELN
richtig lagern

Kartoffeln sollten dunkel und kühl gelagert werden, so wird schnelles Keimen verhindert. Doch nicht in jedem Haushalt finden sich die entsprechenden Räumlichkeiten. Alternativ reicht auch ein Apfel – und die Kartoffeln bleiben länger frisch. Einfach den Apfel zu den Knollen ins Netz oder den Korb legen.

BEI FALSCHER LAGERUNG KEIMEN KARTOFFELN OFT SEHR SCHNELL.

STRUNK

fix entfernen

Salat ist gesund und vor allem bei sommerlichen Temperaturen eine angenehm leichte Mahlzeit. Wenn nur das Schnibbeln und Putzen nicht wäre... Nehmen Sie deshalb einen Eisbergsalat! Wenn Sie ihn in beide Hände nehmen und kräftig mit dem Strunk nach unten auf die Küchenarbeitsfläche schlagen, löst sich der Strunk, und man kann ihn ganz leicht herausziehen.

AVOCADOWÜRFEL
schneiden

Avocados sind nicht nur lecker, sondern auch gesund. Saubere Würfel zu schneiden ist ohne Schmiererei jedoch nicht ganz einfach. Mit unserem Trick geht's ganz einfach: Die Avocado in zwei Hälften schneiden, den Kern mit einem Esslöffel herauslösen und entsorgen. Mit einem scharfen Messer ein Schachbrettmuster in das Avocadofruchtfleisch hinein-, aber nicht die Schale durchschneiden. Dann die Schale von unten so wölben, dass die Avocadostücke auseinandergedrückt werden und sich leicht mit dem Messer abschneiden lassen – so bleiben die Finger und die Arbeitsfläche sauber!

ENTKALKEN

ohne Chemie

Wasserkocher, insbesondere solche mit offener Heizspirale, sollten regelmäßig entkalkt werden. Ein einfaches Hausmittel kann günstige Abhilfe schaffen: Etwas Essigessenz in den Wasserkocher hineingeben, mit Wasser auffüllen, kochen und über Nacht stehen lassen. Dann ausgießen, frisches Wasser kochen und weggießen.

EXTRATIPP: IMMER NUR SO VIEL WASSER AUFKOCHEN, WIE BENÖTIGT WIRD. RESTE WEGGIEßEN.

Richtig grüne

GUACAMOLE

Guacamole ist lecker – erst recht, wenn sie hausgemacht ist. Der Nachteil: Der grüne Dip verfärbt sich leider nur allzu schnell braun und wird dadurch unansehnlich. Damit die Guacamole schön grün bleibt, sind gleich 3 Dinge wichtig:

1) Geben Sie immer etwas Zitronen- oder Limettensaft zur Guacamole und rühren Sie sie gut durch.

2) Geben Sie den Avocadokern zur Guacamole.

3) Bedecken Sie die Guacamole mit Frischhaltefolie – nicht den Schüsselrand, sondern direkt mit der Oberfläche des Dips abschließen.

So sieht die Guacamole länger hübsch aus – schmecken tut sie sowieso.

NOCH EIN TIPP: VERFÄRBT SICH DIE OBERFLÄCHE DOCH: EINMAL KRÄFTIG UMRÜHREN UND ZEITNAH VERZEHREN.

WASSERMELONE

Reifeprüfung

Wassermelonen haben eine feste grüne Schale, die gut verbirgt, wie es in ihrem Inneren um die Reife des Fruchtfleischs bestellt ist. Doch ein simpler Trick verrät, ob die Melone schon reif ist oder nicht: Klopfen Sie mit dem Fingerknöchel dagegen. Ein satter dunkler Ton lässt auf einen hohen Wassergehalt schließen – die Melone ist reif!

AVOCADO

Reifeprüfung

Wann ist eine Avocado reif? Es gibt mehrere Möglichkeiten, dies zu testen. Unter anderem gibt der kleine Stielansatz Aufschluss. Ziehen Sie ihn mit Daumen und Zeigefinger heraus. Geht das ganz leicht, ist die Avocado reif. Ist das darunterliegende Avocadofleisch dunkelbraun, dann kann die Avocado schon überreif sein.

KRÄUTER
einfrieren

Der „Kräutergarten" auf der Fensterbank sieht schön aus und liefert die aromatischen Zutaten für Ihre Gerichte gleich ganz frisch. Doch was tun mit der überzähligen Ernte? Salbei, Rosmarin, Thymian und Oregano lassen sich prima in Öl einfrieren: Gewaschene Kräuter zu zwei Dritteln in die Kammern einer Eiswürfelform füllen, mit einem Drittel Öl auffüllen, einfrieren und bei Bedarf entnehmen.

Geretteter
KUCHEN

Ist der Kuchen mal etwas angebrannt, so besteht trotzdem kein Grund, ihn direkt wegzuwerfen. Entfernen Sie die angebrannten Stellen großzügig und überziehen Sie den Kuchen anschließend einfach mit geschmolzener Kuvertüre. Nach Bedarf kann dieser noch mit Zuckerperlen oder Ähnlichem verziert nehmen.

WER KEINE SCHOKOLADE MAG, DER ÜBERZIEHT DEN KUCHEN EINFACH MIT EINEM GUSS AUS PUDERZUCKER UND WENIGEN TROPFEN WASSER ODER ZITRONENSAFT.

REIS MIT EIS
aufwärmen

Wokgerichte sind köstlich und schnell zubereitet – am längsten dauert das Reiskochen! Deshalb kochen Sie Reis auf Vorrat, denn mit einem Trick lässt er sich in der Mikrowelle aufwärmen, ohne auszutrocknen. Positionieren Sie einen Eiswürfel in der Mitte des Reises, decken Sie ihn mit Frischhaltefolie ab (Löcher hineinstechen!) und erwärmen ihn in der Mikrowelle. Schmeckt wie frisch gekocht!

WEINRESTE
weiterverwenden

Wein ist Genusssache – aber egal, ob Sie ihn trinken oder nur zum Kochen verwenden: oft bleibt ein kleiner Rest in der Flasche, der dann weggeschüttet wird. Das muss nicht sein! Gießen Sie den Wein einfach in eine Eiswürfelform und frieren ihn ein. So haben Sie immer einen Vorrat, wenn Sie Wein zum Kochen benötigen.

Frischetest für

EIER

Ei, Ei, Ei – da Eier äußerlich immer gleich aussehen, lässt sich ihre Frische nur schwer beurteilen. Doch mit einem simplen Trick ist es ganz leicht: Man nehme das Ei und ein Wasserglas. Legen Sie das Ei in das kalte Wasser. Bleibt es am Boden, ist es frisch. Bleibt das Ei am Boden, aber richtet sich auf, so ist das Ei schon älter und sollte bald gegessen werden. Schwimmt das Ei oben, so ist es verdorben und sollte keinesfalls mehr verzehrt werden.

frisch

bald essen

Brauner RIESELZUCKER

Brauner Zucker ist die etwas süßere, leicht nach Karamell schmeckende Alternative zu weißem Zucker. Ein weiterer Unterschied ist der höhere Wassergehalt. Deshalb klumpt brauner Zucker selbst in der Zuckerdose recht schnell. Trockenes Brot wirkt Wunder gegen Zuckerklumpen! Einfach ein paar Brotstücke in die Zuckerdose geben, und in ein paar Stunden ist alles wieder locker.

Klumpenfreies
SALZ

Salz wurde bis ins 19. Jahrhundert auch Weißes Gold genannt. Zwar ist es nicht mehr ganz so wertvoll, dafür in der Küche umso unverzichtbarer! Doch durch den Wasserdampf über den Kochtöpfen kann das Salz leicht klumpen. Ein paar Reiskörner im Streuer schaffen Abhilfe: Sie binden die Feuchtigkeit, und das Salz kann wieder problemlos in die Suppe rieseln.

KNOBLAUCH
fix schälen

Wer viel Knoblauch schälen muss und unangenehm riechende Finger vermeiden möchte, kann sich mit diesem Trick behelfen: Geben Sie die ganze Knoblauchknolle in ein leeres Schraubglas und schütteln Sie kräftig. Bereits nach kurzer Zeit lösen sich die Zehen von der Knolle. Sortieren Sie Schale und Zehen und geben die noch nicht geschälten Knoblauchzehen erneut in das Schraubglas. Nach ein paar kräftigen Schüttlern löst sich nun auch die Schale von den Zehen. Geht wirklich kinderleicht!

ÜBERSCHÜSSIGEN KNOBLAUCH IN EINEM GEFRIERBEUTEL IM KÜHLSCHRANK AUFBEWAHREN.

ORANGEN
einfach schälen

So sind nicht nur Orangen von der Rolle: Deckel und Boden der Orange abschneiden, die Schale von oben nach unten einschneiden (Achtung, nicht zu tief ins Fruchtfleisch schneiden) und dann die Orange ausrollen. So aufgefächert lassen sich die Orangenspalten ganz leicht naschen, ohne klebrige Finger zu bekommen.

Ergiebige
ZITRUSFRÜCHTE

Frisch gepresster Orangen- oder Zitronensaft als Zugabe zu Tee oder in Wasserkaraffen schmeckt köstlich. Die Säfte schmecken erfrischend und sind zudem reich an Vitamin C. Deshalb sollten Sie auf keinen Tropfen verzichten! Um Zitrusfrüchte möglichst ergiebig auszupressen, erhitzen Sie sie für 5–10 Sekunden in der Mikrowelle.

AUCH EINFACHES ROLLEN DER FRÜCHTE VOR DEM PRESSEN BRINGT DEUTLICH MEHR SAFT.

GEWÜRZE
mahlen

Da gemahlene Gewürze schnell ihr Aroma verlieren, empfiehlt es sich, sie ungemahlen zu kaufen und erst kurz vor der Verwendung zu mahlen. Wem der Mörser zu lästig ist, kann auch eine alte elektrische Kaffeemühle verwenden. Die gibt es oft preisgünstig auf Flohmärkten. Zum Neutralisieren des Geschmacks 1 Esslöffel Reis in der Kaffeemühle mahlen.

Cremiges
DRESSING

Damit das Dressing nicht gleich auf den Boden der Salat-schüssel tropft, sondern gut an Salat, Gurke und Co. anhaf-tet, gibt es einen wahrhaft coolen Trick: Vor dem Vermi-schen des Dressings auf Ölbasis einen Eiswürfel hinzugeben und alles in einem Schraubglas gut schütteln: Das Öl wird dadurch fester und das Dressing cremiger. Eiswürfel entfer-nen, Dressing über den Salat geben und untermischen.

KRÄUTER
schneiden

Wenn Ihnen das Hacken von Kräutern mit einem scharfen Messer zu mühsam ist, lassen Sie sie doch unter die Räder kommen! Fahren Sie einfach mit einem Pizzarad über die Kräuter. Diese werden dabei weniger gequetscht, und Sie müssen auch keine Angst um Ihre Finger haben!

ÜBRIGENS: FÜR DAS OPTIMALE AROMA WOLLEN EINIGE KRÄUTER AM LIEBSTEN GEZUPFT WERDEN, ZUM BEISPIEL BASILIKUM!

KÜHLSCHRANK
natürlich reinigen

Kühlschränke sollten regelmäßig gereinigt werden (auch die Dichtungen), immerhin bewahren wir dort die Lebensmittel auf, die wir später verzehren wollen. Im Handel gibt es allerlei Putzmittel, die Wahl wird da zur Qual. Ganz natürlich können Sie Ihren Kühlschrank mit Zitronensaft säubern. Er reinigt, desinfiziert und sorgt für frischen Duft. Und das ganz ohne Chemie!

GERÜCHE
neutralisieren

Manchmal kann man reinigen, so viel man will: Es gibt Gerüche, die halten sich hartnäckig. Um diese zu neutralisieren geben Sie etwas Backpulver oder Natron auf einen kleinen Teller und stellen ihn in den Kühlschrank. Nach einem Monat entsorgen und durch frisches Backpulver oder Natron ersetzen.

ANGEBRANNTES

vom Kuchen abschälen

Eben noch klebte Teig am Spieß, und plötzlich ist der Kuchen angebrannt. Um nicht gleich den ganzen Kuchen wegschmeißen zu müssen, können Sie oberflächliche dunkle Stellen mit einem Spar- oder Gemüseschäler einfach wegschälen. Um den Kuchen dann auch wieder optisch zum Highlight werden zu lassen, beachten Sie Trick 11 auf Seite 26.

ÜBRIGENS: SIND BACKWAREN INNEN NOCH ROH, DIE KRUSTE ABER SCHON DUNKEL, DECKEN SIE DIE FORM MIT ALUFOLIE AB.

KOHLGERUCH

mindern

Vor allem im Winter sollte häufig Kohl auf dem Speiseplan stehen: Er wächst in der Region und liefert wichtige Nährstoffe. Damit das Heim nicht noch am Abend nach Kohl riecht, gibt es einfache Tricks: Geben Sie beispielsweise etwas Milch mit ins Kochwasser – bei Blumenkohl wird so auch die weiße Farbe erhalten. Keine Milch zur Hand? Nehmen Sie Walnusskerne!

ACHTUNG: JE LÄNGER ER KOCHT, UMSO INTENSIVER RIECHT DER KOHL.

SAUGNÄPFE

sicher anbringen

Handtuchhaken oder Küchenutensilienstangen – vieles lässt sich mit praktischen Saugnäpfen befestigen, die das Bohren im Fliesenspiegel ersparen. Doch was, wenn sie einfach nicht halten wollen? Nehmen Sie Eiweiß! Dazu die Fliesen fettfrei reinigen, die Saugfläche mit Eiweiß bepinseln, ca. 5 Sekunden auf die Fliese drücken und eine Stunde trocknen lassen.

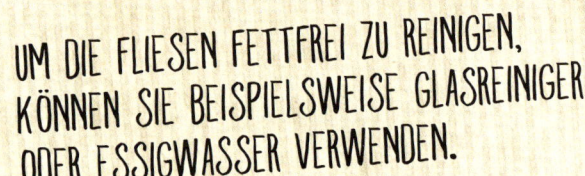

UM DIE FLIESEN FETTFREI ZU REINIGEN, KÖNNEN SIE BEISPIELSWEISE GLASREINIGER ODER ESSIGWASSER VERWENDEN.

Gegen den Geruch von

KNOBLAUCH

Knoblauch ist köstlich – als Würze in Speisen. Lästig kann sein Geruch werden, wenn er den Fingern anhaftet und einen nach dem Kochen noch den ganzen restlichen Tag begleitet. Edelstahl neutralisiert Knoblauchgeruch. Wer keine spezielle Edelstahlseife hat, hält seine Hände einfach unter fließendes Wasser und reibt sie an einem Edelstahllöffel. Knoblauchgeruch ade.

ÜBRIGENS: DAS REIBEN DER FINGER AM SPÜLBECKEN AUS EDELSTAHL HAT DENSELBEN EFFEKT.

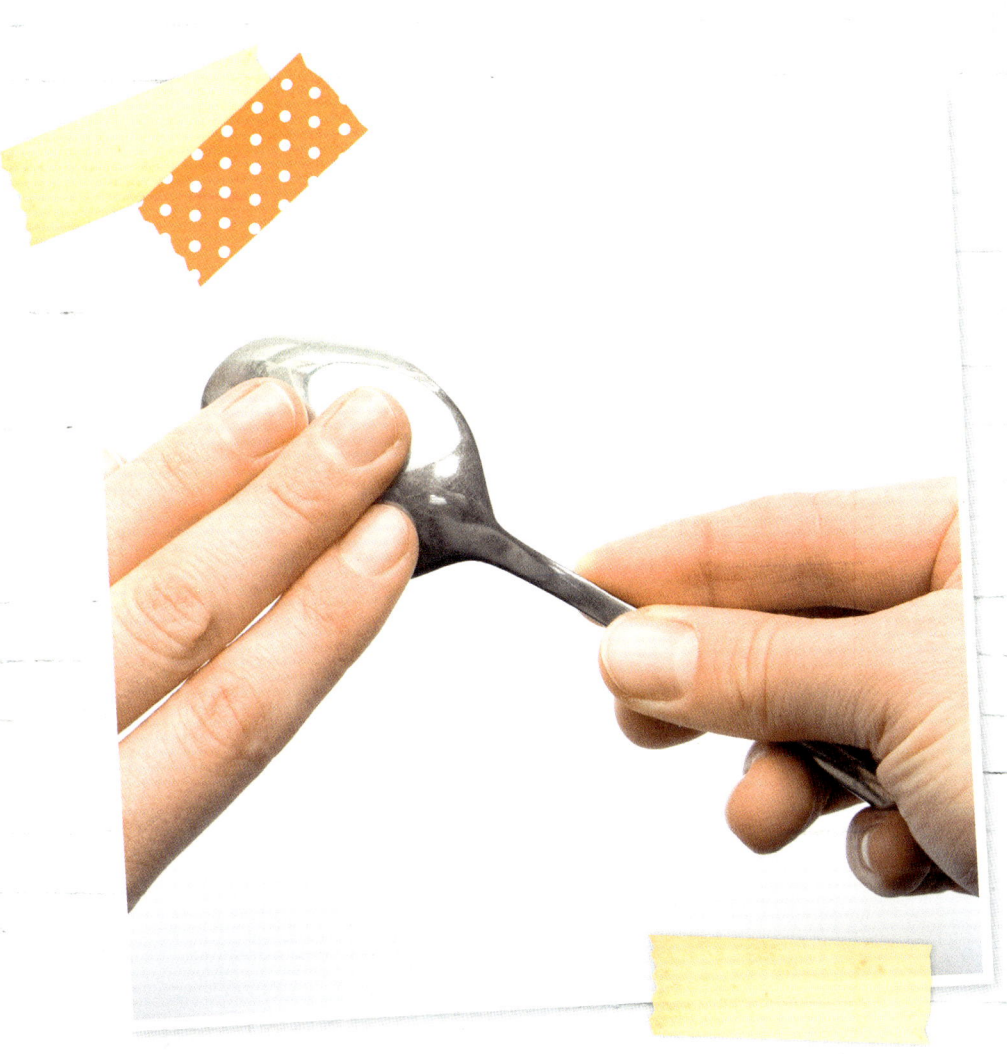

Ratz-fatz sauber

DER GRILL

Grillen gehört zum Sommer wie eisgekühlte Getränke! Damit Sie den Abend entspannt ausklingen lassen können und nicht den Grillrost schrubbend in der Küche stehen müssen, lassen Sie das Rost einfach etwas auskühlen. Anschließend wickeln Sie es in tropfnasses Zeitungspapier und legen es über Nacht ins Gras. So löst sich Eingebranntes viel leichter und Sie können den Rost am nächsten Tag viel leichter reinigen.

BACKOFEN
schnell vorheizen

Bei vielen Ofengerichten ist es wichtig, dass sie gleich bei hoher Temperatur in den Ofen geschoben werden. Pech, wenn man mal wieder das Vorheizen vergessen hat. Ein Trick, wie Ihr Ofen schnell Fahrt aufnimmt: Einfach ein paar Minuten den Grill anstellen und dann auf die gewünschte Temperatur hinunterregeln.

Backofen
REINIGEN

Die hohen Temperaturen im Backofen sorgen nicht nur für gegartes Essen – sondern auch für eingebrannte Verkrustungen. Verrühren Sie Natron und Wasser zu gleichen Teilen zu einer Paste. Auf die Schmutzstellen auftragen, über Nacht eintrocknen lassen, mit einem Schwamm reinigen und mit klarem Wasser abspülen. Natron ist übrigens in der Backabteilung von Supermärkten erhältlich.

SCHEREN

schleifen

Scheren sind unverzichtbare Haushaltshelferlein. Doch irgendwann werden sie stumpf. Statt gleich eine neue zu kaufen, lohnt es sich, zuerst die Schraube (so vorhanden) zwischen den beiden Teilen nachzuziehen. Selbst schleifen kann man die Schere mit einem Stück Alufolie. Dieses zu einem mehrlagigen Streifen falten und mit der ganzen Klinge mehrere Streifen abschneiden.

MESSER

schärfen

Auf unscharfe Messer kann man gut verzichten – aber ständig neue Messer kaufen, geht ins Geld und muss nicht sein. Streichen Sie stumpfe Messer mit der Schneidfläche mehrmals und mit leichtem Druck über den rauen, unglasierten Bodenring einer Tasse, eines Tellers oder eines Tontopfes. Dadurch wird die Schneide wieder schön scharf.

Natürlich
REINIGEN

Verstopfter Abfluss? Wer braucht schon teure Chemiekeulen, wenn er Essig und Soda als Reiniger hat? Einfach 4 Esslöffel Soda in den Abfluss geben, 100 ml weißen Essig daraufschütten und 2–3 Minuten warten. In dieser Zeit reagieren Soda und Essig, und weißer Schaum bildet sich. Anschließend mit heißem Wasser gut nachspülen – und der Abfluss ist ganz natürlich wieder frei!

35

Reifeprüfung

ANANAS

Ananas reift nicht nach, deshalb sollten Sie schon vor dem Kauf darauf achten, dass Ihr ausgewähltes Exemplar die nötige Süße erreicht hat. Vertrauen Sie auf Ihre Nase: Reife Ananas verströmt einen fruchtigen Geruch am Blütenboden. Ist er zu stark, kann dies bereits auf einen Gärungsprozess hindeuten. Auch wenn der untere Teil der Ananas zu braun ist, kann dies ein Zeichen von Fäulnis sein.

ZUPFEN SIE AUßERDEM AM INNERSTEN BLATT: WENN ES SICH LEICHT HERAUSZIEHEN LÄSST, IST DIE ANANAS REIF.

36

BANANEN

schnell reifen lassen

Für köstliche Shakes, Smoothies oder Bananenbrot müssen Bananen fast schon überreif sein. Ein Trick, wie man sie schnell reifen lässt, ist, sie in den Backofen zu geben. Dazu die ungeschälten Bananen mit Abstand auf ein mit Backpapier ausgelegtes Blech legen und je nach Reifegrad bei 80 bis 150 Grad circa 20 bis 40 Minuten erhitzen. Sind die Schalen komplett schwarz, sind die Bananen herrlich „matschig".

37

AVOCADO

frischhalten

Angeschnittene Avocados bilden schnell braune Flecken. Diese lassen sich vermeiden, wenn Sie grobe Zwiebelstücke mit der halbierten Avocado in eine Frischhaltedose legen. Anschließend mit verschlossenem Deckel im Kühlschrank aufbewahren. Nach drei Tagen ist die Avocado noch grün.

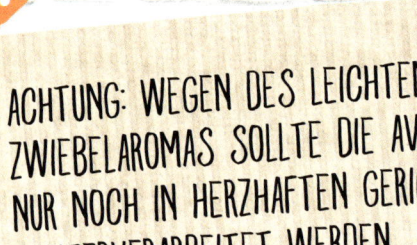

ACHTUNG: WEGEN DES LEICHTEN ZWIEBELAROMAS SOLLTE DIE AVOCADO NUR NOCH IN HERZHAFTEN GERICHTEN WEITERVERARBEITET WERDEN.

ZITRONEN
dosieren

Bei manchen Zutaten ist es egal, bei anderen kommt es auf die exakte Menge an! Von frisch gepresstem Zitronensaft zum Beispiel sollten Sie nicht mehr als im Rezept angegeben verwenden, sonst schmecken Saucen, Dressings und Co. zu sauer. Um aber nicht die Hälfte der Zitrone wegzuschmeißen, pressen Sie den Saft aus und frieren Sie ihn in einer Eiswürfelform fürs nächste Mal ein.

BRÜHE
lagern

Selbst gemachte Brühe, die richtig nach Gemüse oder Fleisch schmeckt, muss lange köcheln. Kochen Sie deshalb Brühe auf Vorrat! Schöpfen Sie diese in eine große Muffinform, lassen Sie sie kalt werden und frieren Sie sie dann ein. Sobald die Brühe gefroren ist, lösen Sie die Brüh-„Würfel" aus der Form und geben diese portionsweise in Gefrierbeuteln zurück in den Froster.

Effizientes
AUFWÄRMEN

Besonders in Büros sind Mikrowellen eine große Hilfe beim Mittagessen. So kann man zu Hause vorkochen und muss nicht täglich Essen gehen. Aufgrund der Wärmeverteilung gilt es, das Gargut einmal umzurühren, was das Aufwärmen aber verlängert. Schneller Platz für die Kollegen machen Sie, wenn Sie das Gericht vor dem Erhitzen in Donut- oder Ringform auf dem Teller anrichten.

41

Einfach

KNETEN

Backe, backe, Kuchen... Nicht nur Bäcker haben mit Knetteig zu kämpfen: Dieser windet sich beim Kneten mit dem elektrischen Handrührgerät gerne um die Haken und ein Weiterkneten ist nicht mehr möglich. Um dies zu vermeiden, reiben Sie die Knethaken vorab mit Öl ein.

DAMIT DER KUCHEN SO SCHMECKT, WIE ER SCHMECKEN SOLL, ACHTEN SIE DARAUF, NEUTRALES PFLANZENÖL ZU VERWENDEN.

KUCHEN

frischhalten

Frisch gebackener Kuchen am Sonntag erinnert an Kindheit und Oma – nur schade, dass bald schon wieder Montag und der Kuchen noch nicht aufgegessen ist. Doch keine Sorge: Angeschnittenen Kuchen halten Sie mit Toastbrotscheiben weich und saftig. Dazu das Toastbrot gegebenenfalls zurechtschneiden und mithilfe von Zahnstochern an die Schnittflächen stecken – so wird auch der Montag noch zum Kuchensonntag!

43

Schnaps ersetzt

BACKPULVER

Backpulver, Vanillezucker und Co. gehören zu den Back-
grundzutaten und werden deshalb oft nicht auf die Einkaufs-
liste gesetzt. Sollten Sie beim Backen auf einmal feststellen,
dass Sie doch kein Backpulver mehr zu Hause haben, können Sie stattdessen Schnaps in den Teig geben. Ein, zwei
Schnapsgläser Rum lassen den Kuchen ebenso aufgehen,
und Sie können auch auf künstliches Rumaroma verzichten.

KUCHEN

wieder saftig

Trockene Kuchen oder restliche Kuchenstücke werden auf ganz einfache Weise wieder saftig, und zwar mit Wasserdampf. Dazu Wasser in einem Topf aufkochen, einen Spritzschutz für Pfannen darauflegen, den Kuchen darauflegen und ein paar Augenblicke warten. Der Kuchen schmeckt dann wieder wie frisch gebacken.

Krosse

CHIPS

Geöffnete Chips (oder Kräcker) schmecken schnell labberig, weil sie Feuchtigkeit aufnehmen, aber wegschmeißen geht irgendwie auch nicht. Müssen Sie auch nicht! Streuen Sie die Chips auf ein Backblech und geben Sie sie bei 220 °C Umluft drei Minuten in den vorgeheizten Ofen.

FUNKTIONIERT AUCH IN DER MIKROWELLE: NACH CIRCA 15 SEKUNDEN IST DAS GEBÄCK KNACKIG, ABER NOCH HEISS — VORSICHT!

PRAKTISCHES

Kochen und Küchenarbeit können mitunter recht aufwendig sein. Ob Hobbykoch oder Küchenmuffel – Tipps, wie Sie sich die Arbeit erleichtern können, kommen immer gut an! Eier können Sie beispielsweise leicht mit einer Flasche trennen, und Kiwis sind mit einem Löffel quasi im Handumdrehen geschält. Entdecken Sie unsere praktischen Hacks, die Ihnen mehr Stauraum in der Küche verschaffen, und staunen Sie, wie man Teleskopstangen und Zeitungsständer in der Küche einsetzen kann.

46

Ei, Ei, Ei

Damit Eier nicht platzen beim Kochen, kann man mithilfe einer einfachen Stecknadel ein Loch hineinstechen. Wie das geht? Einfach einen Weinkorken halbieren und eine Stecknadel durch eine Hälfte stecken. Jetzt kann nichts mehr abrutschen und das Ei ganz einfach aufgepiekt werden. Zum Schutz der Nadel einfach die zweite Korkenhälfte wieder aufstecken.

AUFLAUF
für 1 Person

Perfekt für den 1-Personen-Haushalt: Trennen Sie mithilfe von Alufolienstreifen Ihr Backblech oder Ihre Auflaufform ab und funktionieren Sie sie in 1-Portionen-Formen um. Dafür einfach einen mehrlagigen Streifen Alufolie so in der Form positionieren, dass ein Teil abgetrennt ist. Die Seiten umschlagen und so am Rand befestigen.

MIT DIESEM HACK KÖNNEN SIE KUCHEN, AUFLAUF UND CO. AUCH IN KLEINEREN PORTIONEN ZUBEREITEN.

MESSERBLOCK
selbst gemacht

Vernünftige Messer sind gut investiertes Geld. Auf den passenden Messerblock können Sie aber verzichten und das Geld anderweitig verwenden. Stellen Sie Holzstäbchen in ein geeignetes Gefäß und stecken Sie die Messer dazwischen. So haben Sie einen selbst kreierten Messerblock, der auch noch leicht zu reinigen ist.

Griffbereite
MESSER

Ganz abgesehen davon, dass
es lästig ist, immer wieder
nach dem richtigen Messer
in der Schublade zu kramen:
Wenn Messer in der Schub-
lade herumfliegen, besteht
nicht nur Verletzungsgefahr,
die Messer werden auch viel
schneller stumpf. Machen
Sie es sich einfach: mit einer
magnetischen Messerleiste!
Sieht hübsch aus und ist
unsagbar praktisch!

Ersatz fürs

NUDELHOLZ

Praktisch, wenn man den Platz in den Küchenschränken lieber für häufiger verwendete Dinge verwenden möchte: Machen Sie eine Weinflasche zum Nudelholz! Dazu die Weinflasche gut säubern und das Etikett entfernen. (Hartnäckige Etiketten dafür mit Öl einreiben und über Nacht einwirken lassen.) Nun lässt sich Teig problemlos damit ausrollen.

SIE HABEN ES EILIG? LEGEN SIE EINFACH EIN STÜCK FRISCHHALTEFOLIE AUF DEN TEIG — SO KLEBT NICHTS AN DER FLASCHE UND DAS ETIKETT KANN BLEIBEN.

51

PIZZA

wie beim Italiener

… wäre das nicht toll? Dann bauen Sie sich Ihren Steinofen doch einfach selbst! Besorgen Sie sich dazu einen großen, unglasierten Tontopfuntersetzer im Baumarkt, legen ihn auf den Grillrost Ihres Backofens und backen Sie darin Ihre Pizza.

GANZ WICHTIG: DAMIT DIE PIZZA NICHT ANBACKT, MUSS DER TONTOPFUNTERSETZER SEHR HEISS SEIN. DER BACKOFEN MUSS ALSO MIT IHM AUF EINER SEHR HOHEN TEMPERATUR VORGEHEIZT WERDEN.

52

Die praktische
PIZZASCHERE

Egal, ob geliefert oder selbst gemacht: Pizza schmeckt immer. Einfach in Pizzaecken geschnitten, und man kann die Stücke bequem mit den Fingern essen. Nur leider gleicht das Schneiden mit Messer oder Pizzarad oftmals einem Reißen. Probieren Sie es mit einer sauberen Haushaltsschere – damit geht es ganz einfach.

ÜBRIGENS LASSEN SICH MIT DER HAUSHALTSSCHERE AUCH KRÄUTER WIE SCHNITTLAUCH PERFEKT KLEIN SCHNEIDEN.

MOZZARELLA
reiben

Geriebener Mozzarella eignet sich prima zum Überbacken von Nudelaufläufen, Gratins oder Pizza. Doch wer schon einmal versucht hat, einen Mozzarella zu reiben, greift wahrscheinlich schlussendlich entnervt auf das Fertigprodukt aus dem Supermarkt zurück. Das muss nicht sein: Ganz simpel geht es, wenn Sie den Mozzarella in Frischhaltefolie gewickelt rund 20 Minuten tiefkühlen und erst dann reiben.

Perfekte
OBST SCHEIBEN

Küchenutensilien dürfen Sie gern zweckentfremden! Eierschneider beispielsweise eignen sich hervorragend, um mit ihnen weiches Obst in perfekte Scheiben zu schneiden – ohne dass etwas matscht. Versuchen Sie es zum Beispiel mit Erdbeeren und Bananen – und Sie werden nie mehr ein Messer dafür verwenden!

Kiwi
perfekt schälen

Kiwis sind wichtige Vitamin-
lieferanten und passen perfekt
in den Obstsalat. Nur lassen
sie sich eher löffeln als schälen. Warum nicht die Not
zur Tugend machen – und die
Kiwi mit einem Löffel schälen?
Oberes und unteres Ende der Kiwi
abschneiden, einen Löffel zwischen Schale und Fruchtfleisch schieben (gebogene Seite Richtung Schale)
und einmal an der Kiwi entlangfahren. Nun die Kiwi in
Scheiben oder Stücke schneiden.

Platzsparend
LAGERN

Platz auf der Arbeitsfläche ist kostbar und sollte auf keinen Fall verschwendet werden. Aber es gibt Alternativen: Haben Sie wenig Stellfläche auf der Arbeitsplatte, empfiehlt es sich, Drahtkörbe an die Wand zu schrauben und Obst und Gemüse dort zu lagern.

DIESE AUFBEWAHRUNGSKÖRBE SIND NICHT NUR PRAKTISCH, SONDERN SEHEN ZUDEM NOCH HÜBSCH AUS.

57

RUTSCHGEFAHR

gebannt

Ein feuchtes (Schwamm-)Tuch eignet sich perfekt als Anti-
rutschmatte und kann beliebig eingesetzt werden: Auf
einem Tablett, damit die Gläser nicht rutschen, oder auf der
Küchenarbeitsfläche unter einem Schneidebrett. Auch wenn
Sie auf einem Backblech arbeiten oder schneiden müssen,
hält das feuchte Tuch alles fest an Ort und Stelle.

MUFFINFÖRMCHEN
neu interpretiert

Nicht alles muss speziell angeschafft werden, zum Beispiel Papierförmchen für Muffins. Ebenso gut eignet sich Backpapier, mit dem Sie die Mulden der Muffinform auskleiden können. Wenn Sie das Papier etwas überstehen lassen, können Sie es nach dem Backen mit einer Schleife oder Bast umwickeln – und Ihr Muffin ist perfekt gestylt und zum Mitnehmen bereit.

TORTENBODEN
gerade backen

Eine Schwarzwälder Kirschtorte mit Kuppel? Undenkbar! Kennen Sie bestimmt auch: Der Biskuit ist gerade im Ofen und schon nach kurzer Zeit wölbt sich der Teig in der Mitte, während er am Rand eher unten sein Dasein fristet. Kann man ganz leicht vermeiden! Stellen Sie einen schweren Topf auf den fertig gebackenen, aber noch heißen Kuchen und lassen ihn so abkühlen.

MIT DIESEM HACK ERHALTEN SIE EINEN FLACHEN, EBENMÄßIGEN BODEN.

Herzförmige
MUFFINS

Muffins schmecken köstlich, und bereits bei ihrem Anblick kann einem das Wasser im Mund zusammenlaufen. Das Herz Ihrer Gäste wird zum Schmelzen gebracht, wenn Sie Ihnen herzförmige Muffins servieren. Positionieren Sie hierfür eine Murmel zwischen Muldenwand und Papierförmchen, bevor Sie den Teig einfüllen.

61

Rutschfestes

BACKPAPIER

Kennen Sie das? In der einen Hand die gekippte Teigschüssel, in der anderen den Teigschaber – und das Backpapier in der Backform macht beim Befüllen mit (oft klebrigem) Teig, was es will. Abhilfe schaffen hier handelsübliche Allzweckklammern, mit denen das Papier am Rand der Backform befestigt wird und buchstäblich in (der) Form bleibt.

NICHT VERGESSEN:
KLAMMERN VORM BACKEN
WIEDER ENTFERNEN!

Perfekte
SCHNITZEL

Bestimmte Fleischstücke sollten vor dem Garen unbedingt platt geklopft werden, Schnitzel beispielsweise. Dennoch ist ein Fleischklopfer ein Küchenutensil, auf das Sie wunderbar verzichten können, weil es sich einfach ersetzen lässt. Verwenden Sie stattdessen eine schwere (kleine) Pfanne oder Stielkasserolle. Zum Schutz legen Sie ein Stück Frischhaltefolie aufs Fleisch.

Der Trick mit dem

HOLZLÖFFEL

Legt man einen Holzlöffel auf den Rand eines Topfes mit auf-
kochendem Wasser, kocht das Wasser nicht über. Dahinter steckt
eine wahre Wissenschaft. Am einfachsten lässt es sich damit er-
klären, dass der Holzlöffel zum einen viel Wasserdampf aufnimmt.
Zum anderen platzen die beim Kochen aufsprudelnden Blasen
beim Kontakt mit dem Holzlöffel.

STAURAUM
in der Küche

Bewahren Sie auch Ihre Putzmittel im Schrank unter der Spüle auf? Und sieht es da bei Ihnen auch manchmal etwas chaotisch aus? Die Lösung sind Körbe an der Schranktür! Sie sorgen beispielsweise dafür, dass Putzschwämme, Reinigertabs und Co. immer griffbereit zur Hand sind und nicht im unübersichtlichen Spülenschrank verschwinden.

AUCH ALS GEWÜRZREGAL ODER ZUM AUFBEWAHREN VON VERSCHLUSSCLIPS UND ANGEBROCHENEN PACKUNGEN EIGNEN SICH DIE KÖRBE.

Nie wieder

CHAOS

In jeder Küche gibt es sie, die Krimskramsschub-
lade. Irgendwo müssen Verschlussclips, Klebe-
etiketten, Schere, Gummibänder, Zahnstocher und
Co. ja griffbereit verstaut werden. Dem Chaos in
dieser Schublade werden Sie Herr, wenn Sie alles in
Dosen oder kleinen Plastikkörben verstauen.

KAUFEN SIE KEINE NEUEN, SONDERN
VERWENDEN SIE SCHON VORHANDENE,
ÜBERZÄHLIGE PLASTIKDOSEN, VORZUGSWEISE
MIT DURCHSICHTIGEN DECKELN.

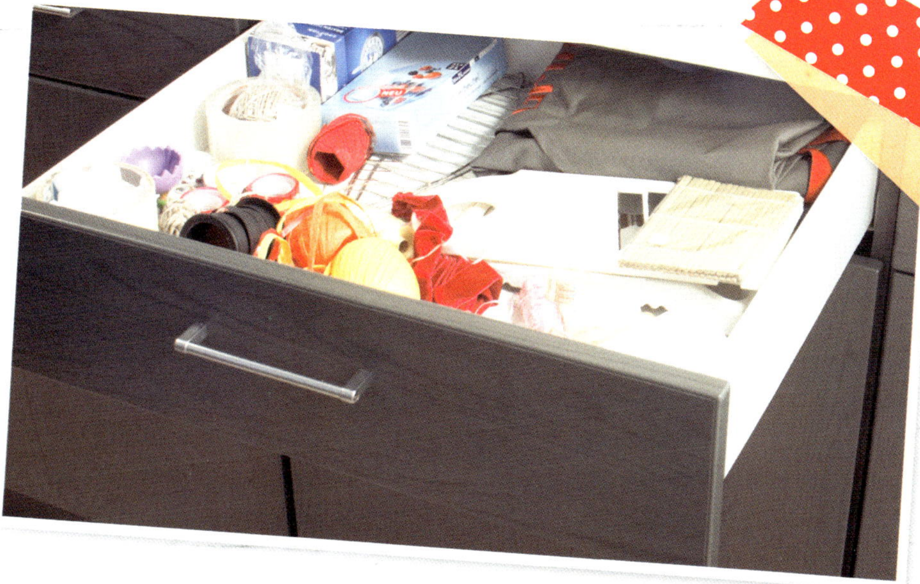

66

Nicht von der ROLLE

Da in vielen Küchen der Backofen auf rückenfreundliche Augenhöhe gewandert ist, ist sie aus Küchen verschwunden, die praktische Schublade im Herdeinbauschrank, in der sich Alufolie, Backpapier, Gefrierbeutel und Frischhaltefolie so gut verstauen ließen. Damit Folien und Co. nicht gänzlich von der Rolle sind, befestigen Sie einen Zeitschriftensammler innen an einer Küchenschranktür und lagern Sie die Rollen darin platzsparend.

KAFFEE-ECKE

auf engstem Raum

Haben Sie volle Schränke und wenig Platz? Wir zeigen Ihnen, wie Sie auf kleinstem Raum eine kleine Kaffee- und Tee-Ecke zaubern. Tassen lassen sich mit Haken fast überall befestigen und Eckregale, die eigentlich für Duschen gedacht sind, erhalten Sie in jedem Baumarkt. Wer die Küche sein Eigen nennt, kann auch Haken an die Unterseite der Oberschränke bohren und die Tassen daran aufhängen.

SCHNEIDEBRETTER

stabil lagern

Schneidebretter sind unerlässlich in der Küche, will
man nicht die Arbeitsplatte beschädigen. Nach dem
Einsatz fliegen sie nur leider oft im Schrank rum. Stabil
und platzsparend gelagert werden sie, wenn Sie dünne
Teleskopstangen als Abgrenzung in den Küchenschrank spannen.

AUCH KLEMM-, SPANN- ODER GARDINENSTANGEN
MIT ENTSPRECHENDEM SYSTEM SIND ALS
ABTRENNUNG GEEIGNET.

69

SCHALENSTÜCKE

entfernen

Im Kuchenteig oder als Grundlage beim Panieren: Eier sind perfekte Bindemittel. Entsprechend ihrer „klebrigen" Eigenschaft ist es sehr schwer, kleine Eierschalensplitter aus dem Eiweiß zu fischen. Ganz einfach geht es mithilfe eines großen Stücks Eierschale: Mit ihm lassen sich kleine Schalenstücke aus dem aufgeschlagenen Ei leicht herausheben.

EiER

einfach trennen

Eier zu trennen fällt nicht jedem leicht und gerade wenn man Eiweiß steif schlagen möchte, ist es wichtig, dass kein Eigelb mit dem Eiweiß vermischt wird. Was also tun? Ganz einfach: Man nehme eine saubere, kleine PET-Flasche, drücke sie zusammen, halte sie mit der Öffnung ans Eigelb – und lässt langsam los. Das Eigelb wird durch den Unterdruck in die Flasche gesogen und kann vorsichtig in eine zweite Schüssel gedrückt werden.

71

EIER PELLEN

leicht gemacht

Natürlich ist es nicht schwer, ein gekochtes Ei zu pellen, aber wenn man mal viele Eier braucht, kann das schon etwas mühsam sein. Hierfür gibt es einen einfachen Trick: Geben Sie das Ei in ein Glas mit etwas Wasser. Bedecken Sie die Öffnung mit der Handfläche und schütteln Sie ein paar Mal kräftig. Schon können Sie die Eierschale ganz elegant im Ganzen ablösen.

SEHR PRAKTISCH ETWA BEI DER ZUBEREITUNG VON EIERSALAT.

72

MANGO
schälen

Mangos schmecken köstlich, aber sie zu schälen, kann knifflig sein. Nehmen Sie ein Glas zu Hilfe! Dazu die reife (!) Mango links und rechts vom Kern abschneiden, dann nacheinander die Mangohälften so auf den Glasrand aufsetzen, dass die Schale nach außen zeigt. Anschließend die Mango nach unten drücken: Die Schale bleibt draußen, das Fruchtfleisch rutscht ins Glas. Nun nur noch das Kernstück schälen und das restliche Mangofleisch abschneiden.

73

INGWER

schälen

Ingwer hat eine leicht antibiotische Wirkung. Ein Tee mit Zitrone und frischem Ingwer kann bei Erkältungskrankheiten sehr hilfreich sein. Mit dem folgenden Tipp wird Ihnen das Schälen mühelos von der Hand gehen: Nehmen Sie einen Löffel mit scharfer Kante und schaben Sie die Schale einfach ab.

AUCH ALS ZUTAT IN ASIATISCHEN GERICHTEN IST INGWER EIN UNVERZICHTBARER BESTANDTEIL.

Perfekte
TORTENSTÜCKE

Torten können wahre Kunstwerke sein – bis sie angeschnitten werden. Dann passiert es leider sehr oft, dass Creme, Boden oder Füllung am Tortenmesser hängen bleiben und das Kunstwerk zusammenfällt. Perfekte Tortenstücke erhalten Sie, wenn Sie das möglichst scharfe Messer vor dem Schneiden in heißes Wasser halten. Abtrocknen nicht vergessen und bei Bedarf wiederholen.

WENN SIE MEHRERE TORTENSTÜCKE SCHNEIDEN MÜSSEN, STELLEN SIE AM BESTEN EIN GEFÄSS MIT HEISSEM WASSER DIREKT NEBEN DIE TORTE.

75

MARINIEREN
im Gefrierbeutel

Sommerzeit ist Grillsaison! Die Zeiten, in denen einfach nur Bratwürste auf den Grillrost gelegt wurden, sind jedoch schon lange vorbei. Nichts geht über perfekt mariniertes Fleisch, das saftig auf dem Grill brutzelt. Damit Chicken Wings und Co. rundum in der Marinade liegen können, probieren Sie es mal mit Gefrierbeuteln. Einfach Fleisch und Marinade rein, Luft raus – und marinieren lassen. Spart auch Platz im Kühlschrank!

DÜNNE SCHEIBEN
Fleisch schneiden

Warum Carpaccio immer nur im Restaurant bestellen – und nicht mal selber machen? Haben Sie keine Angst davor, das Fleisch in hauchdünne Scheiben zu schneiden. Das geht ganz leicht, wenn Sie das Fleisch vor dem Schneiden 1 Stunde tiefkühlen. Auch für Wokgerichte lässt es sich so wunderbar in feine Streifen schneiden.

ÜBRIGENS: DAS TIEFKÜHLEN LOHNT SICH AUCH FÜR DICKERE SCHEIBEN.

Mit Küchenpapier

ENTFETTEN

Frisch in der Pfanne Gebratenes wie Reibekuchen, panierte Auberginen, Schnitzel oder Maultaschen können Sie auf einen mit Küchenpapier ausgelegten Teller legen und abtupfen. Das Papier saugt unnötiges Fett auf, das zum Braten zwar nötig ist, Sie sich anschließend aber sparen können.

PÜRIERSTAB

rasch säubern

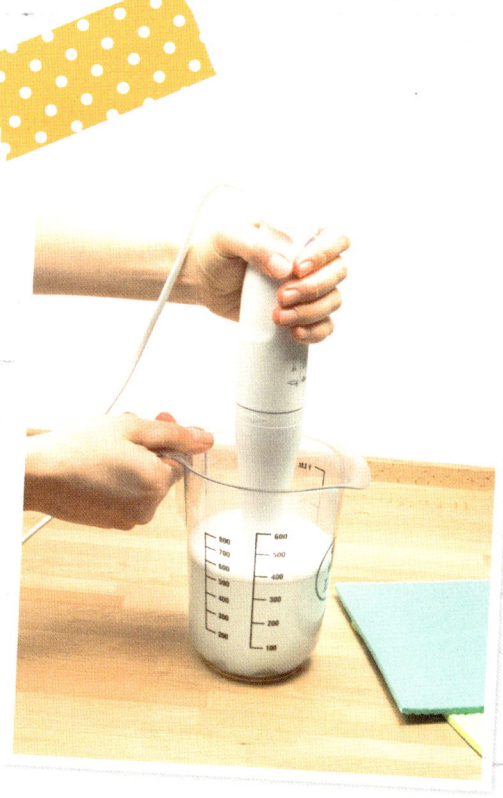

Der Pürierstab ist aus der Küche kaum noch wegzudenken. Ob Suppen, Smoothies oder Dressings: Überall kommt das praktische Gerät zum Einsatz. Nur leider kann der Pürierstab nicht in die Spülmaschine! Dafür hat er quasi selbst reinigende Kräfte: Geben Sie Wasser und Spülmittel in ein hohes Gefäß und mixen Sie! Funktioniert auch mit Mixern oder Dressingshakern.

TOPFDECKEL
verstauen

Töpfe lassen sich am effektivsten ineinander gestapelt im Küchenschrank aufbewahren. Doch die übrig geblieben Deckel können einem schon mal den letzten Nerv rauben. Immer im Blick haben Sie Topfdeckel, wenn Sie mehrere Handtuchhaken an der Tür des Küchenunterschrankes befestigen und die Deckel einfach einhängen. So sind die Topfdeckel immer griffbereit.

STAURAUM
unter Regalbrettern

Küchen können noch so groß sein: zusätzlicher Stauraum schadet nie! Nutzen Sie zum Beispiel Regale, indem Sie Einhängekörbe verwenden. Hier können Teepackungen, Gefrier- und Müllbeutel oder auch Geschirrhandtücher platzsparend untergebracht werden.

Alternative zur

HAKENLEISTE

Wenn Sie Ihren Fliesenspiegel nicht an-
bohren wollen (oder dürfen), aber dennoch
Pfannenwender, Kochlöffel und Co. nicht
immer erst aus der Schubladen kramen
wollen, gibt es eine Alternative, die zudem
noch hübsch aussieht: Stellen Sie alles in
ein schönes Gefäß aus Glas oder Porzellan.

SUPER GEEIGNET SIND AUCH LIEB
GEWONNENE, DECKELLOSE TEEKANNEN.

Strahlende

SPÜLEN

So schön Edelstahlspülen auch aussehen – schnell setzen sich hartnäckige (Kalk-)Flecken fest. Wenn Sie weder Unmengen für Spezialreiniger ausgeben noch die Schränke damit zustellen wollen, greifen Sie zu einer halbierten Kartoffel und reiben Sie damit die Spüle ab. Die Kartoffelstärke mit einem Handtuch abwischen – und schon glänzt die Spüle wie neu.

vorher

nachher

ETIKETTEN
entfernen

Um Etiketten von Schraub- oder Einmachgläsern und Flaschen zu entfernen, muss man nicht zu aggressiven Mitteln greifen. Ganz easy funktioniert dies nämlich mit Haushaltsöl: betupfen Sie die entsprechenden Stellen großzügig mit Öl und lassen Sie es am besten über Nacht einwirken. Am nächsten Tag können Sie die Etiketten ganz leicht entfernen. Bei hartnäckigen Etiketten, den Vorgang bei Bedarf wiederholen.

RAUMDEO
selbst herstellen

Für einen natürlichen Raumerfrischer ohne Chemiekeule nehmen Sie ein Schraubglas, füllen das Glas halb voll mit Soda und geben 15 bis 20 Tropfen ätherisches Duftöl darauf. Dann einen Stoffrest mit einem hübschen Bastband festspannen und mit einem Zahnstocher Löcher in den Stoff piksen. Duftet nicht nur gut, sondern ist auch sehr preisgünstig!

Zitronige
EISWÜRFEL

Zwei Fliegen mit einer Klappe schlagen Sie mit diesem Food Hack: Selbst gemachte Limonade oder Sangria wollen zwar mit Eiswürfeln gekühlt werden, nur leider verwässern sie dadurch so leicht, wenn die Eiswürfel schmelzen. Verwenden Sie einfach Zitroneneiswürfel. Dazu Bio-Zitronen heiß abwaschen, in Scheiben schneiden und in eine Muffinform geben. Mit Wasser auffüllen und bis zum Gebrauch einfrieren.

TOMATEN
entkernen

Auf vielen Partybuffets finden sich auch heute noch gefüllte Tomaten. Logisch: ist schnell gemacht und sieht super aus. Das Entkernen der roten Früchte geht Ihnen ganz leicht von der Hand, wenn Sie einen Melonenkugelausstecher oder einen Espresso-löffel verwenden. Im Gegensatz zu einem Messer zerschneiden Sie damit das Fruchtfleisch nicht unnötig.

ÜBERRASCHENDES

Weil Liebe durch den Magen geht und das Auge mitisst: Lassen Sie sich von unseren überraschenden Food Hacks inspirieren. Backen Sie Kuchen aus nur zwei Zutaten, servieren Sie das nächste Dessert in selbst gemachten Schokoschälchen, und bereiten Sie Ihren Liebsten ein buchstäblich herz-haftes Frühstück zu. Neben allen nützlichen und praktischen Kniffen ist es nun auch Zeit zum Genießen!

SPIEGELEI
im Würstchenherz

Liebe muss nicht immer süß sein! Für ein Würstchenherz schneiden Sie eine Bockwurst ein-, aber nicht durch. Die Wurst aufklappen und umgedreht an den Enden zusammenführen. Mit einem Zahnstocher zum Herz fixieren, in die heiße Pfanne geben und ein Spiegelei darin aufschlagen. Anschließend mit dem Pfannenwender vorsichtig herausheben und Ihren Liebsten servieren.

HERZIG IST AUCH DIESE WURSTIDEE.

EiER
in Herzform

Noch mehr Herz: Dazu das rohe Ei wie gewohnt 10 Minuten hart kochen. Herausnehmen und 2 Minuten abkühlen lassen, sodass das Eiweiß noch weich ist. Ein dünnes, rechteckiges Kartonstück längs zusammenfalten, das Ei pellen und auf das Kartonstück legen. Einen Bleistift auf die obere Seite legen, den Karton und Stift mit Gummis fixieren, das Ei abkühlen lassen und in Scheiben schneiden.

GESCHMACK?

Ja bitte!

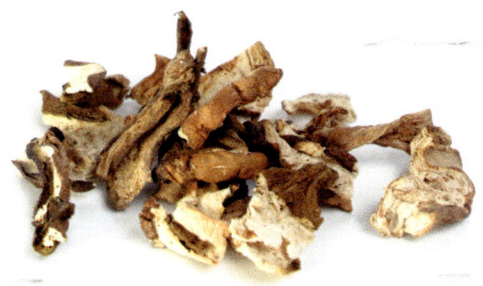

Die richtige Würze ist das A und O in jedem Gericht. Leider kommen viele Geschmacksverstärker nicht ohne chemische Zusätze aus. Hier ein einfaches Rezept, wie Sie Ihre eigene Würze aus natürlichen Zutaten herstellen können: Je 1/3 Parmesan, getrocknete Tomaten (nicht in Öl!) und getrocknete Pilze (z. B. Steinpilze) in der Küchenmaschine fein zerkleinern, in ein Glas füllen… und fertig!

90

KÖRBCHEN

aus Parmesan

Sieht nicht nur hübsch aus, sondern ist auch praktisch: Ein Körbchen, das einfach mitgegessen werden kann. Für die Körbchen geriebenen Parmesan portionsweise in einer beschichteten Pfanne bei mittlerer Hitze schmelzen lassen. Sobald der Käse weich ist, die Plätzchen mit einem Pfannenwender entnehmen und über ein rundes Förmchen legen. Anschließend sofort mit Küchenkrepp in Form drücken. Das Körbchen im Kühlschrank abkühlen lassen.

IST ES ABGEKÜHLT, KANN MAN DAS KÖRBCHEN NACH BELIEBEN MIT SALAT ODER ÄHNLICHEM BEFÜLLEN.

91

Spinnen aus
SPAGHETTI

Die Ahs und Ohs nicht nur von Kindern sind Ihnen sicher, wenn Sie Spaghetti nach diesem Rezept zubereiten: Schneiden Sie (Geflügel-)Bockwürstchen in mundgerechte Stücke und stechen Sie durch jedes Stück mehrere ungekochte Spaghetti. Anschließend wie gewohnt in Salzwasser al dente kochen, abgießen, abtropfen lassen und servieren.

NACH BELIEBEN EINE TOMATENSAUCE DAZU REICHEN.

92

BACON
aus dem Waffeleisen

Für knusprig gebratene Baconstreifen benötigen Sie nicht unbedingt eine Pfanne. Sie lassen sich auch gut in einem ausgedienten Waffeleisen herstellen. Dazu das Waffeleisen nach Gebrauchsanweisung vorheizen, die Baconstreifen darauflegen und backen. Anschließend mit einer Zange herausnehmen und genießen. Übrigens: Schauen Sie im Internet nach weiteren Rezepten mit dem Waffeleisen – Sie werden erstaunt sein.

Englisches FRÜHSTÜCK

93

Ein englisches Frühstück für mehrere Personen können Sie ganz einfach mithilfe einer Muffinform zaubern. Dazu die Mulden der Form mit Baconstreifen auskleiden. Anschließend nach Belieben Paprikawürfel, Frühlingszwiebelringe und halbierte Kirschtomaten einfüllen und ein verquirltes Ei darüber geben. Alles salzen, pfeffern und nach Belieben mit etwas geraspeltem Käse abschließen. 15 Minuten bei 180 Grad auf der untersten Backofenschiene backen, bis das Ei gestockt ist.

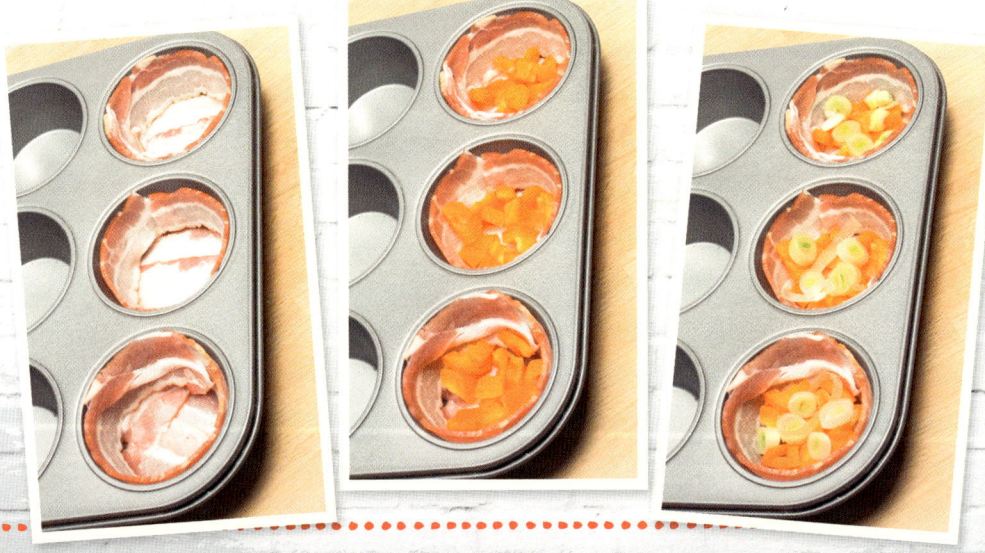

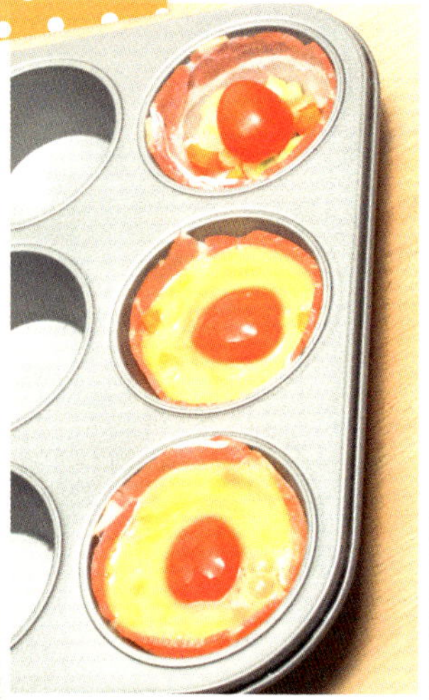

94

Selbst gemachte

BUTTER

Aus frischer Sahne lässt sich ganz leicht Butter herstellen.
Bevor Sie loslegen, muss die Sahne Zimmertemperatur
haben – also rechtzeitig aus dem Kühlschrank nehmen.
Dann die Sahne in ein Schraubglas geben, gut verschließen
und konstant schütteln. Nach circa 5 Minuten haben sich
Buttermilch und eine Butterkugel gebildet.

NACH BELIEBEN KÖNNEN SIE IHRE BUTTER
NOCH MIT KRÄUTERN AROMATISIEREN.

95

Cremiger
MILCHSCHAUM

Für einen cremigen Milchschaum benötigen Sie keine speziellen Milchaufschäumer oder Kaffeevollautomaten mit Schaumfunktion (die Extrageld kosten). Geben Sie Milch in ein Schraubglas, verschließen und schütteln Sie es 30 Sekunden lang kräftig (!). Dann Deckel entfernen und 30 Sekunden in der Mikrowelle erhitzen. In ein Glas umfüllen, mit Kaffee oder Espresso auffüllen und genießen.

ACHTUNG: DAS GLAS IST HEISS, WENN SIE ES AUS DER MIKROWELLE NEHMEN!

96

Cooler
SEKT

Prickelnder Sekt schmeckt nicht nur zu feierlichen Anlässen. An lauen Sommerabenden sorgt das Prickelwasser für eine angenehme Erfrischung. Damit der Sekt auch nach dem Servieren gut gekühlt bleibt, könnten Sie Eiswürfel nehmen – nur verwässern sie leider jedes Getränk. Geben Sie stattdessen gefrorene Himbeeren in den Sekt. Die sehen nicht nur gut aus, sondern kühlen den Sekt und schmecken zudem noch gut.

97

OBST SALAT

aus der Wassermelone

Das Auge isst mit! Besonders Büfetts wollen appetitlich ange-
richtet sein, nur leider hat man nicht immer ausreichend Servier-
schalen. Für den Obstsalat können Sie sich eine Schale sparen:
Halbieren Sie eine Wassermelone, schneiden Sie das Fruchtfleisch
heraus und mischen es nach Belieben mit anderem Obst zu einem
Obstsalat. Mit Zucker, Honig und Zitrone abschmecken und in die
ausgehöhlte Wassermelonenhälfte zurückgeben. Sieht super aus
und das Obst bleibt auch länger frisch.

98

WASSERMELONE
to go

Dies ist einer der Tipps bei denen man sich fragt, warum Melonen immer noch in Scheiben geschnitten werden: Zum Essen benötigt man entweder Teller, Messer und Gabel oder Servietten und am besten noch ein Lätzchen. Darauf lässt sich zukünftig verzichten: Halbierte Wassermelone auf die Schnittfläche legen und erst längs, dann quer zerschneiden. Nun können Sie handliche Melonenstifte herausziehen und genießen.

99

Bunte
FRUIT POPS

Jeder kennt Cake Pops. Aber Fruit Pops? Waschen Sie einen Apfel, halbieren Sie ihn und schneiden Sie mit einem Melonenausstecher kleine Halbkugeln heraus. Gegebenenfalls mit Zitronensaft beträufeln, damit sie nicht braun werden. Dann jeweils zwei Halbkugeln zu einer ganzen Kugel mit einem Schaschlikspieß aus Holz zusammenbauen. Für 30 Minuten tiefkühlen. Anschließend in Kuvertüre und dann in Streusel tunken.

100

Schälchen aus
SCHOKOLADE

Servieren Sie Ihr nächstes Dessert in selbst gemachten Schokoladenschälchen, und Ihre Gäste werden Augen machen. Dazu Schokolade im Wasserbad zerlassen und auf Muffin-Papierförmchen verteilen. Mit einem Pinsel oder kleinem Spatel die flüssige Schokolade gleichmäßig den Rand hoch streichen. Dann trocknen lassen, die Papierförmchen vorsichtig abziehen und das Dessert einfüllen.

DEKOBLÄTTER

aus Schokolade

Schoko-Blätter für die Dekoration gibt es im Supermarkt – kann man aber auch ganz leicht selbst herstellen: Dafür einfach schöne (ungiftige!) Blätter suchen, gründlich reinigen und trocknen. Anschließend dick mit geschmolzener Schokolade bepinseln. Im Kühlschrank abkühlen lassen und dann vorsichtig vom Blatt lösen. Sieht besonders schön auf Sahnetupfen aus.

Herzige
SAHNESTÜCKE

Da schmelzen buchstäblich Herzen: Schlagen Sie Sahne steif, geben Sie sie in Plätzchenausstecher in Herzform und frieren Sie die Herzen ein. Nun können Sie Ihren Kakao mit Sahneherzen dekorieren – bis sie schmelzen und den Kakao noch cremiger machen.

EISKAFFEE
mit Keksen

Der etwas andere Eiskaffee sorgt nicht nur im Sommer für eine Extraportion Koffein, denn Sie können ihn entweder kalt oder heiß genießen. Schokokekse mit Milchcremefüllung zerbröseln (Kekse in einen Gefrierbeutel geben und mit einer Weinflasche als Nudelholz darüberfahren), auf eine Eiswürfelform verteilen, mit Milch auffüllen, einfrieren und die „Eiswürfel" später in kalten oder heißen Kaffee geben.

KAKAO
aus Schokotrüffeln

Wenn Sie die Lust auf eine heiße Schokolade packt, Sie aber nicht alle Zutaten dafür im Haus haben, dann trinken Sie einfach Schokoladentrüffel! Erhitzen Sie Milch in der Mikrowelle, geben einen Schokoladentrüffel in ein Glas mit heißer Milch und lassen alles unter Rühren auflösen. Anschließend können Sie den Schokotrüffel-Kakao genießen!

ERDBEEREN

mit Schokolade

Schokoerdbeeren kennt jeder, aber wir verraten Ihnen, wie das Ganze ohne Warterei und Geschmiere funktioniert: Erdbeeren waschen und gut trocknen, dann nebeneinander auf einem Teller anordnen und anfrieren. Die Kuvertüre in einem Wasserbad schmelzen und die angefrorenen Erdbeeren kurz hineintauchen. Der Vorteil: Die Kuvertüre wird sofort fest und die Finger bleiben sauber. Schokoerdbeeren sind eine köstliche, aber nicht ganz so sündhafte Nascherei.

NACH BELIEBEN KÖNNEN SIE AUCH WEISSE KUVERTÜRE VERWENDEN.

106

SCHOKOKUCHEN
aus 2 Zutaten

Geringer Aufwand, große Wirkung: der 1+1-Schokokuchen besteht gerade mal aus zwei Zutaten! Nehmen Sie pro Minikuchen 225 g Schokoladencreme und wärmen Sie die Creme im Wasserbad an. 2 Eier in einer Schüssel ca. 8 Minuten mit dem Mixer schaumig rühren. Schokocreme langsam zu den Eiern fließen lassen und kräftig rühren. Die Masse in eine gefettete Minikuchenform geben. Bei 180 Grad 15 bis 20 Minuten backen und servieren.

VANILLEZUCKER
herstellen

Hätten Sie es gewusst? Eine Vanilleschote, deren Mark Sie beispielsweise zum Backen verwendet haben, müssen Sie nicht wegschmeißen, sondern können sie zweitverwerten: Nutzen Sie das verbliebene Aroma und geben Sie die ausgekratzte Vanilleschote in Ihre Zuckerdose. Nach einer Weile erhalten Sie Vanillezucker, der Ihrem Milchkaffee eine feine Vanillenote gibt, aber ebenso zum Backen verwendet werden kann.

Motive aus PFANNKUCHEN

Für lustige Motiv-Pfannkuchen bereiten Sie einfach
Ihren Lieblingspfannkuchenteig zu. Jetzt können Sie
mit lustigen Plätzchenausstechern beliebige Formen
ausstechen und alle möglichen Desserts mit süßen
Herzchen oder kleinen Tieren verzieren.

Schnelle
ZIMTSCHNECKEN

Es lohnt sich immer, fertigen Blätterteig im Kühlschrank oder Tiefkühlfach zu haben. Denn wenn Sie spontan Besuch bekommen oder Sie die Lust auf Süßes überfällt, haben Sie im Nu köstliche Zimtschnecken gebacken: Aufgetauten Blätterteig ausrollen, großzügig mit Zimt und Zucker bestreuen und aufrollen. In Scheiben schneiden, auf einem mit Backpapier ausgelegten Backblech verteilen und nach Packungsanweisung backen. Da der Zucker karamellisiert, nach der Hälfte der Backzeit kontrollieren.

EiS

aus zwei Zutaten

Für eine Eisbasis geben Sie 450 g kalte Crème fraîche 400 ml ge-
kühlte süße Kondensmilch in eine Schüssel und verquirlen beides.
Nach Belieben Keksstücke, Fruchtpüree oder Schokolinsen ein-
rühren, in eine Kastenform geben und sieben Stunden tiefkühlen
(dann ist es sehr fest). Eis vor dem Servieren etwas antauen lassen,
damit es sich besser servieren lässt.

Blitzschnelle
MOUSSE

Hier ist sie: die schnellste Mousse au Chocolat der Welt! Brechen Sie 200 g Zartbitterschokolade in Stücke und schmelzen Sie sie in einem Wasserbad. Masse anschließend lauwarm abkühlen lassen. 400 ml Sahne fast ganz steif schlagen. Die geschmolzene Schokolade dann in dünnem Strahl zur Sahne fließen lassen und mit einem Schneebesen unterheben. Wenn die Schokolade gleichmäßig untergerührt ist, die Mousse in vier kleine Dessertschalen füllen und 3–4 Stunden in den Kühlschrank stellen.

WARUM KOMPLIZIERT,
WENN ES AUCH
EINFACH GEHT.